평범한 세계

이정은 시집

시인동네 시인선 211

이정은 시집

평범한 세계

시인동네

시인의 말

아무도
나비의 유년에 대해 묻지 않는다

2023년 8월
이정은

차례

시인의 말

제1부

너는 바람이 아니라 · 13

OUT, 그 생물성에 관한 연구 · 14

아프리카 펭귄 애인처럼 · 17

밖은 장마입니다 · 18

그림자 연극은 아이들을 삼켰을까 · 20

As You Like It · 22

카운터에 천사가 서 있었다 · 24

접시와 수세미 · 26

겨울의 계단 · 28

꽃잎 고르기 · 29

비번 열자 섹스 휘감는 · 32

샌드위치와 샐러드 · 34

가젤처럼 뛰었다 · 36

키스 · 38

홀수 52페이지 · 41

평범한 세계 · 44

제2부

공간 · 47

달맞이꽃의 망명 · 48

터키스 블루 · 50

그리하여 사라진다면, · 52

사월의 조각 · 53

혜화 · 54

패스워드 알려드려요 · 56

백일몽 402호 · 58

아버지, 왜요 · 60

왠지 나른해질 수 있어 · 62

그래도 우울하지 않아요 · 64

당신은 해무가 좋다고 했어요 · 66

샤넬의 숲 · 68

기울어진 방 · 70

근조 · 72

제3부

떨어지는 것에 대하여 · 75

사람 목소리는 영역 표시에 불과해, 에드몽이 말한다
에드몽은 누구일까 · 76

빨간 망토 · 78

백야 · 80

동시 · 82

자오나 학교 · 83

혼자 남은 방 · 84

화분 · 86

비밀의 이름은 미시오 · 88

코스모스 · 90

나는 머리핀을 어디에 두었을까 · 92

숟가락의 얼굴 · 94

사과놀이 · 96

환청의 감각 · 98

다섯 개의 물의 장면 · 99

애야, 양을 세야지 · 102

해설 아브젝시옹의 시학 · 103
　　　오민석(문학평론가·단국대 교수)

제1부

너는 바람이 아니라

깊도록 걸어도
발등으로 번지는 물결무늬

바람 소리에 쓰러져 누워
그물망에 스스로 묶이는

너는 바다가 아니라
너는 바람이 아니라

흰머리 풀어헤친 흐느낌
아기 발바닥 사이로 스며드는 소금 울음

가늘게 떠도는 습자지처럼
으박 입힌 오랏줄

걸어 나올 수 없는
푸른 얼룩

OUT, 그 생물성에 관한 연구

출입문

펼쳐 놓았다

쥐

거울 방, 마주 보는 거울에서 도망가지 못한다

  생물성은 벽 사이 남아 있었다 팔을 벌려 냄새를 껴안았다 품은 나보다 넓었다 허리를 곧추세우고 앉아 읽는다 체취는 증발해버리고

  이제 천장은 없을 거야

마리오네트가 종을 친다

대롱대롱 매달린 가방 줄에 학교 문이 열리고

호수를 걷기 시작했다 오리배는 지금도 자전 방향으로 날고 있을까 제논의 화살로 나는 것이 오리배의 숙명이야 묻곤 했는데 오리가 철새라는 대답이 남았다 떠내려가려 한다 거울을 잊은 듯 사진 속 나는 가벼운 어깨였을까

책이 늙는다

쉿, 쥐들이 갉아먹어

소문내지 마

거울 방에 쥐를 넣고 쫓아다니듯

손톱 빠진 새끼손가락 던지는 주술

대답하는 끄덕임이여

거울 속에 사는 쥐가 학교 가고 있을까 연구는 끝나지 않아

숨지 마라

지퍼를 내리듯, 올리듯

아프리카 펭귄 애인처럼

생식기 닮은 펜으로 이력서를 쏟다
샤워하다가 서서 배설하는 미묘함이랄까
세면대에 담배꽁초 비벼 끄다가
왜 남극에 사는 펭귄이 아프리카에 살지
아프리카 펭귄은 그 이유를 툭
장래 희망을 몽정하는 남자라고 쓴 이력서 때문
그림자가 달 귀퉁이에 매달리고 잔영들은 춤을 추니
깔깔대고 웃다가 제 머리에 빨간 멍울이 생겼다고
서슴지 않고 뱉는다

희미해지는 눈으로 서성거리던 내가
환청으로 꽉 찬 화장실을 잠그려는 손
그 손을 흔들었다
작은 환풍기 너머로 먼지가 날리는 걸 보았거든
여기 헐렁한 도시에는 푸른 버스가 지나가
노란 신호등 깜박, 아프리카 펭귄이 내렸다
욕조 바닥에서 흥건히 젖은 이력서
흘러내려 뜨끈하게

밖은 장마입니다

주인공은 독자가 누군지 알까요

등줄기 땀이 바닥으로 모여도
땀방울은 흐르는 동안 증발될 수 있어
순환이론 책이 펼쳐져 있는걸요
땀방울은 다시 떨어져
수증기를 두려워해서

의미 없이 부푼 이야기를 떨구려 하는데
도서관의 존재를 DNA가 증명할까
가설을 읽어요
안경을 밀착해도
왜 상징일 수밖에 없을까요

도서관 입장에서는 독서가 노동인걸
 바닷물에 가라앉는 몰디브를 읽고 투표하기 망설여지는 정치를 읽고 표절을 표절한 논문을 읽고 철탑에서 시위하는 노동자를 읽고 배추밭을 갈아엎는 농부를 읽고 젠더를 고독사

를 거꾸로 읽어 비상구가 사라져
  어지러워
  빗줄기가 그치지 않아

  종이꽃에 매일 물을 줄까
  관념이나 상상을 피울까
  노동은 왜 이리 집요할까요

  논리는 편리하고 의문은 견고해
  바람이 불어도 흔들리지 않아

당신은 도서관에 있다고 믿습니까

생기가 일지 않아도 종이꽃에 DNA는 살아있고
젖은 것들에 대한 열람은 마감하는데

땀일까요 밖은 장마입니다
우산은 준비하지 않았습니다

그림자 연극은 아이들을 삼켰을까

수평으로 누울 수 있을까요
새로 산 거울을 아무리 비쳐도 뒤통수만 보여요

이상해요
감각이란 오해를 불러와요

알 수 없는 일들은 규칙성을 가지고 있나 봐요

캐릭터를 찢어버렸지요
대본에 맞춰 움직이진 않아요

놀이와 멀어 보이는 건
아이들의 귀가 망토 안 상자를 보고 있기 때문이죠
박수 소리에 초침은 분열을 내요
극장은 종이가 많고 가위는 한가하지 않은걸요

그림자는 쓰러지지 않는다고 아이들은 믿었죠

잘 웃고 잘 울고 잘 자니까요
까만 옷을 입은 천사를 이해해줄 거예요
검정도 수직의 색깔이 될 수 있다고 말해주는 건

발광이었으니까
빛 앞에 섰을 때가 기억나요, 처음으로

양철북은 어떤 표정으로 하나의 그림자만 사랑할까요

As You Like It

누구의 배꼽일까요 아담과 배꼽놀이를 했습니다 유모차 밖으로 툭 배꼽이 떨어졌습니다

육체에 켜켜이 쌓이는 사진첩입니까 빛을 뒤따르는 사물입니까 공기의 방향대로 흐르는 형체입니까 손가락의 떨림 살아있습니까

주검 위에 덮인 자서전, 얇은 상자를 어루만지는 오래된 배꼽이 있어요 하늘을 보지 않았습니다 목을 가눌 수 없었습니다 배꼽을 쳐다볼 수 있었을까요

낮과 밤, 육지와 물을 오가는 하마가 입을 벌렸습니다 입속으로 유모차는 들어갔어요

사진 찍어도 되겠지요?

계단 하나가 준 선물, 깊이는 엄마의 탯줄입니다 불쑥, 볼록하게 바늘이 뽑아 올려준 기억 싫다고 외쳐야 했지만 추방

될까 두려웠기에 이제 옹알이할 뿐이라고 아직 아담을 모른 다고 했습니다

    죽음의 장난이 굴러 내려가면서 어둠의 그늘을 만들어냈을 까요 이곳은 아담의 땅이었고 그들은 하마와 비슷했고 나는 이방인이었습니다

    차단벽에 기대어 올라가지도 내려가지도 못하는, 멈춤과 움직임 사이에, 맴도는 사각형 벌어진 틈 사이로 어두움이 점점 떨어지는 곳 어디까지 맞잡을 것인지 바다은 침묵합니다 영사기는 재현하고 싶지 않은 얼굴을 다시 돌립니다

    책갈피를 접어주세요 낡은 고서는 기록해야 무너지지 않는 다는 것을 알 수 있는 건가요 육체에 의문이 켜켜이 쌓여 있 습니까 어느 순간

    끊어지는 흑백필름처럼 맨몸으로 오는 사람이 보입니까

카운터에 천사가 서 있었다

시작점은 랍스터를 자르는 테이블이다
손목이 조심스럽게 가위질하는 것은
살아남은 자가 호명될 때
화려한 변신에 중독될 것이라는 예언이기도 하다
변하지 않는 물상에서 자유로울 때, 떠도는 연기처럼
너의 유산은 언제부터 죽음이라는 허상처럼
어슬렁거린단 말인가
손톱 깎는 소리같이 톡톡 튀는 가위질조차 복화술이라니
핼러윈데이의 변장이었더라도 진실의 실체는 없기 때문일까
천사에게로 가야 한다 악마를 피해
살아남기의 규칙이다
결제명세서를 천사의 손에 쥐어주고 도망가야 한다
귀띔으로 전해온 생존 원칙이다
아기의 신이 벗겨졌다
아직 걷지 못하는 아기라도 신은 신어야 하는 것
이 문제의 함정이다
잃어버린 한 짝의 신을 찾으러

어미가 화장실로 가는 것조차 숙명이라면

그 사이 모든 랍스터는 악마의 위장 속을 헤집고 다니며 분해된다는 점이

핏빛 노을이 품은 칼날이다

돌이킬 수 없는 칼집은 후회한다

신을 찾지 못한 이는 돌아와서는 안 된다

아기는 랍스터를 먹을 수 있을까

유희에 빠져들곤 했다

카운터의 천사는 아기 신을 찾아온 남자의 손을 잡았다

비싸게 치른 저녁값이지만 규칙은 규칙이다

검은 유리창에 흰 머리카락이 토막 나 있다

모든 손동작을 기억하도록 작동될 것이다

살아남은 자의 유산은 어디로 갔을까

접시와 수세미

뻐꾸기가 어떻게 알을 품는지 알아?
새로 사온 접시가 수상하다며 그는 말했다

그는 뻐꾸기 알로부터 고개를 돌렸다

손에서 미끄러지며 쨍그랑
깨진 접시

그의 손은 깨끗하다

피 묻은 접시 무엇으로 닦아야 할까

그는 뒤돌아보지 않는다
그는 깨지지 않는 자만을 가지곤 했다
깨지지 않는 접시는 설탕으로 만들어졌다고
말하는 그에게, 맛보고 싶다고 했다

달지 않았다

이미 깨졌기 때문일까

나는 뒤돌아보았다
그것은 불확실한 사실을 확인하는 것
존재하지 않는 일종의 회로, 그 흐름을 따르는 것이다

접시 조각들을 수세미 속으로 구겨 넣고
수세미는 수선공장이 되어 새로운 접시를 다시 출산하는
과정을 상상하고 있다 나는

깨진 접시를 수세미로 닦는다
피는 나의 몸속에서 흐른다 쨍그랑쨍그랑

뻐꾸기가 어떻게 알을 품는지 알아

겨울의 계단

퇴근이 없는 감정이라니

밤의 바깥은 검은색이 아니어서
울음은 비껴가고
젖은 막차는 눕지 않는지도 몰라

텅 빈 마을로 우박은 떨어져
겨울의 계단을 기어오르는
어린아이들은 서로 이름을 찢어버리고

새벽 첫 지하철
야근수당도 없이 꼬부라진
이 지랄 같은 감정이라니

계단에 깔린 너의 신문지는 노숙자가 되고
비틀어진 종이컵에 담긴
추위에 떠는 등골 같은 감정이라니

꽃잎 고르기

1
꽃잎이 가슴을 도려낸다

겹겹이 도려낸 가슴은
폐허만 남아
꽃은 다시 피어날 수 있는가

2
동백 꽃잎 한 장

사랑하기 때문이라며 강간하는 설인은
부서진 동백꽃, 언 땅에 떨구고

맞을 짓을 해서 때리는 것이라고
말하는 폭설의 무너져 내림은
피멍 든 동백 무덤 속으로 가고

사람들이 국화꽃을 들고 무엇을 하는 걸까

나를 알고는 있었을까

오늘도 한 사람이 검은 동백을 두고 간다

3

눈 내린 겨울

50대 남편이 아내를 살해한 뒤

암매장하기 전,

아내는 다섯 차례나 경찰에 도움을 요청했다

눈 내린 겨울 옆에는 동백 꽃잎만이 스러지고

4

사무쳐서 그대를 묻지 못했습니다

돌비석 위에 꽃을 심어

무덤에 비를 뿌려주세요

천둥도 함께 보내주세요

알뿌리로 숨어 있는
몸부림이 들썩일 수 있도록

지푸라기 꽃이 말을 합니다
꽃이 비석에서 피는가?

화원에 물을 주세요
죽어야 피는 꽃을 주세요

비번 열자 섹스 휘감는

휴지

휴지

눈에 보이는 건 믿지 마

피부병 낫게 해달라고 삶은 달걀 올렸던 휴지 주인은 휴지로 눈물을 닦고

구멍 난 돌은 휴지를 먹는다

금 긋지 않는 식사시간

먹는다 휴지를 사정한다

도망가지 않아도 등은 불안을 보이기에 좋은 구석이지

인쇄소는 피아노 친다 활자 건반

그림을 그리다 보면 자기가 자기를 속이고 있다는 것을 알게 될 때가 있다

교묘하게 속이는 휴지

전 애인의 비번을 지금 몰래 내 비번으로 써요 전 애인은 비번을 잊었다 하고요

안으로 들어가는 동굴 속 휴지

종이에 글자 박히는 소리를 휴지로 또 닦는다

샌드위치와 샐러드

좋아해요
이야기 찾아다니는 걸요

길 따라 살살 가보는 거죠

건조한 목소리는 촉촉하게 젖은 머리카락을 부르는 듯했고요 굽이굽이 도망가려 앞서갔지만 비밀은 없었어요 그럴 때는 거미줄 하나 걸려 있는 나무 전봇대 사이로 바람을 일으키며 다니기도 했죠

길 위에 잠은
시간의 바람으로 머리를 말리는 거예요

풀밭 위에서 식사하는 연인처럼 머리에 자주개자리도 꽂고요

허름한 들풀도 건장한 백양나무도 같이 훔쳐봐요

후르륵 거친 바람에 치마가 날리기도 했지만요

저녁조차도 닿을 수 없는 깊은 곳으로 걸어가야 했을 때
그러니까요 돌개바람 앞에서 헝클어진 시간을 손질하는 여자의 모습이 다정하게 보이지 않았어요

해거름이 하혈처럼 부서졌지요
풀밭 위에 수다의 색깔이 초록색만은 아니었어요

다시 싸라기눈이 오고 또 올까요

연인 웃음소리는 바람에 날아가지 않아요
연인이었어요 마치 연인처럼요

가젤처럼 뛰었다

석고상 안고. 뒤따라오고 있다.

뒷걸음친다. 그림자 밟는다. 석관 속. 표류하는/그는. 떨어지는 국화꽃 향기를. 발가락 사이 휘어든다. 모래알. 차오른다. 바닷물. 언젠가/누워 유영한다.

발견//우연하게 꿰뚫기

마론 인형. 쇄골 도드라진 아이. 두꺼비. 연탄구멍. 코피. 괘종시계. 천장. 샤프심. 비닐대나무우산. 식칼. 쥐. 화상. 상봉터미널. 눈깔사탕. 제사. 수면제 사십 알.

약국은 4분의 1미터마다 존재한다. 손바닥에/동그라미 치고 걸음 수를 확인한다.

사이사이 걸음 수만큼 실어증을 넓혀간다.

졸피뎀을 발음할 수 없다./까지

마지막//의혹. 접혀 있다.

통.

통.

발자국이 가젤 마침표 같다///

키스

같이 시 쓰기 할래요?

어떤 시 쓰기?

제가 첫 문장 할게요
멀리서 오는 입김이라 했어요

오, 좋은데요
차창 밖에 겨울 망초가 서 있어
사이가 멀어서 다시
오므릴 수 없는 낱말이 울고 있었다

당신을 상상할 수 없다고 해도
세기말에서 눕지 않아요

가로질러 가는 들판에는 진눈깨비 흩뿌린다
찾아갈 수 있을까
출렁이는 산맥 너머에 당신을

그래요, 바다엔 돌고래가 살아요
당신이 알려주었어요
지금처럼요

먼 입김으로 열어놓은 그대 왼쪽 가슴이 보여요
당신을 나눠 가집니다
여우볕이 뜨는 동안

저를 울리네요, 여우볕이라니요
사라짐이 두려워 도톰한 엄지손가락을 깨물고

수직 벽이 맞부딪치며 번개도 치고

숨골로 숨어
숨골로 숨어

서서히 파도의 이랑으로 올라서는 입술

나는 검지 끝에 당신을 앉힌다

생각보다 좋네요
특히 첫 구절

마지막이 좋죠
어느 K시인과의 이야기로 밝힐게요

사람들이 시에는 관심을 안 두고 도대체 뭔 일이 있었나?
상상력을 최대치로 발동할 듯

키스 한번 안 했는데
오해부터요

홀수 52페이지

　우리 드라이브할래요 각자 차 안에서 통화하는 거예요 운전하면서요

　어디로 가죠

　일본과 제주도의 중간지점인 바다에서 만나요

차 안은 아늑하다
운전석 안전벨트도 조여 맸다 가운데 물병도 꽂혀 있다
옆 조수석에는 아기가 베이비시트에 누워 있다
이건 기억일 뿐이라는 것을 잘 알고 있다
나는 아기를 낳아 본 적이 없다
그들이 다 옳은 것은 아녜요 내가 다 옳은 것이 아니잖아요
　목에 걸린 나무 십자가를 끊어 펜디 속 개 사이에 끼고 다리를 오므렸다
　찾지 못할 거야 무릎 꿇고 불은 꺼지고 병동 안에선 혼잣말이 떨고 있었다
　살아남을 수 있을까

고속으로 달리지 않아도 목적지까지 충분히 약속 시간 안에 도착할 수 있다
나의 불빛은 홀수 52페이지 밖의 불빛은 셀 수 없이 많다
따르릉 전화기가 울린다 귀에 익은 오래된 소리 또 무얼 닦으려고

사람도 배달됩니까

세상에서 가장 느린 템포의 음악을 틀어놓고 어젯밤에 도착한 택배를 확인한다
종이에 글자 박히는 소리가 들리는 쓰루하시 밤이야 작은 움직임조차 없다 누가 건드려주면 밀 건데 아무도
얼은 알몸의 시체에 횟감을 떠서 올려놓고 먹고 싶은 부위부터 젓가락으로 살짝 퍼서 먹는 거야
엎드려 울어서 생긴 축농증의 무게를 팔면 저울을 사야지
내가 위로 올라가서 울음이 넘치면 회를 쳐야지

차 문이 누군가에 의해 열렸다

경고음은 커지고 지저귀던 이름 머무는 호랑지빠귀 날아가 내 손엔 지금 칼 없어요 세로로 길고 깊은 소금이 박혀 있지요

폭포가 흐르듯

계단 아래로 굴러 앞니가 깨졌다

그 연하 남자에게선 바다 목소리가 들려온다 책상 서랍 칸칸마다 먼지 쌓이듯

배 안 고파요

파란 약을 먹어야지

저 혼자 있어도 될까요

평범한 세계

약재 냄새가 허공을 떠도는 날은
뒤꿈치를 붕대로 감고 싶었다

저편과 이편은 상처의 고리일까?

다친 문이 열렸다
양복 입은 마네킹이 걸어 나온다

방 속에 맺힌 둥근 침대는
문지방에 걸터앉아 웃는다

암컷을 낳았다
촛불이 켜져 있지 않은 케이크처럼

제2부

공간

  문을 열고 들어오셨나요 구두를 벗어요 기다란 소파로 올라와요 꼼지락거려도 되겠지요 다리를 주욱 펴요 소파는 크림색인데요 발가락은 무슨 색일까요? 보이지 않는 색일지도 몰라요 보이는 것이 실재하는 건 아닐 거예요 슬픔이 무엇인지 모르거든요 사람들은 내가 슬픔에서 나오길 바란다고 해요 난 당신을 생각해요 당신 입안에선 머리카락이 자라고 있었어요 머리카락은 슬픔 대신 Coffee Tea Drink Flower Gift Shop을 먹어요 바구니에 담아요 안에는 발가락들이 꼼지락거리고 있어요 누가 넣었냐고요 슬픔을 좋아하는 당신이잖아요 잊었군요 여기 동명리가 존재하는 이유예요 망각하지 말라고요 당신이 문을 열어 두신 것처럼요

달맞이꽃의 망명

모국어를 잃어버렸어요
돌아갈 배편은 어디로 흐를까요
혼자 맴돌다 들어온 섬

익숙한 곳에서 멀어져야 가고픈 곳에 닿게 되는 거야*
팻말 하나 서 있었어요
달맞이꽃의 말일까요
꽃은 서쪽으로 기울다가도 다시 제자리로 돌아올 텐데요

산보다 바다가 높아요
파도와 파도는 도형처럼 굴러 기억 밖으로 달아납니다
높아지는 벽은 바다라서 그런 걸까요
뛰어들어야 할까요

뭉쳐지지 않은 모래알처럼
대답은 흩어지고 말았어요
무너지는 소리를 모아요 발이 젖어요
아무도 알 수 없었지요 왜 발이 젖는지

모국어를 잃어버린 달맞이꽃을 기억하나요

섬은 흔적 없이 가라앉는 연습을 하고
돌담 사이 불어오는 바람
달맞이꽃을 품은 채 하늘거리고

여긴가요
다른 곳으로의 망명
한 번 더 밀어내 볼까요, 믿어 볼까요

---

*제주 어느 카페에서 만난 문구이나, 지금은 사라졌다.

터키스 블루

경계선은 무엇으로 구분되나요
보이지 않는 것이 있어요

바다, 뒤돌아보는 걸음마입니까

진주 목걸이를 머리카락에 묶고
잊기로 할까요

비늘이 반사하는 요동을 품고
터키스 블루색이 보인다고
이유는 모른다고

가벼워지는 몸이
뒤로만 물러납니다

터키스 블루를 마실 수 있을까요
반지가 고리에 엮이면

한마디, 파문이 들어와요

진주 목걸이 떨어지고

젖는 바다
젖는 침대

그리하여 사라진다면,

침묵이 일어서서 바람을 맞이하듯이
거친 갯벌 밭에서 진흙 묻은 운동화를 벗는다

맨발바닥으로 걷는
흐느낌은 아우성이 아닌 것을
발가락 사이로 파고드는
질퍽함은 여기서 마지막인 것을

떠내려가는 운동화를 잡지 않는 검붉은 손
그 손으로 참을 수 없는 노을을 보내주며

일렁이는 것은 조각하지 않는 거짓말
바다 아닌 바다의 물거품

그리하여 사라진다면,

젖지 않도록 숨어 있는 것처럼
귀 막은 소리는 처음부터 없었던 것처럼

사월의 조각

천장에는 시계가 달려 있어요

시곗바늘엔 종이 인형의 손발이 매달린 채 움직이죠

시침과 분침이 수평선을 이루면 두 팔은 멀어지는 연습을 하는 거예요

멀어진 두 팔은 깨진 봄을 안고 돌아왔어요

계절은 환승할 수 없다고 인형의 목소리가 떨리네요

사월의 아기는 젖이 마르고

하얀 꽃잎은 검게 타들어 떨어져야 잎이 피어납니까

활활 타오르는 아기 발바닥이 벽에 온통 흩날립니다

나는 아기 발바닥 같은 꽃잎으로 물을 떠 마셔요

혜화

맥주 한잔해요, 그리 문자 보내면 오늘은 취하기로 해요
해물파전은 어울리지 않는 조합이지만요 캔이 구겨지고 찌뿌둥한 소리가 나요
잔은 처음부터 필요하지 않았나 봐요

발걸음을 맞춘다는 건
오랜만에 연필심을 갈아 내는 듯
책상다리로 앉아 기지개를 켜는 듯
날아가는 새와 눈동자를 맞추는 듯
보이지 않게 곁이 되는 일

취했다는 이유로 워드를 치고 사전을 찾고 메일을 보내고 다시 삭제하는 소소한 반복을 만들어요
방향이 된다는 건 손동작을 기억하는 것
보지 말아요 앞을 가려요 약속은 없어요 지워지지 않아요
몸을 기억하는 나이테 무늬 책상처럼
새소리를 그냥 그렇게 받아들일게요

다시 시작할까요
꼼지락거리는 발가락 사이로 꽃반지 끼우고 양말을 신어요
보이지 않아요 안녕 너머에 존재했던 가라앉는 눈동자
나는 너를 보고 너는 나를 만지고
아프지 않았으면 좋겠어요
키스를 하고 싶다, 라고 썼다가 지워요
쉼표는 언제든 떠밀려가니까요

패스워드 알려드려요

옆에 앉아 같이 달빛 보실래요

빈 의자 펼쳐 놓으니 비가 살랑 내리려고 하네요

의자를 접지 않을래요 빗방울 떨어진 구석마다 색이 짙어진 멍든 멍울도 살갑게 바라볼래요

먹구름이 지나가고 바람이 불고 하늘이 보이면 의자는 설레겠죠

그러면 달을 슬쩍 내 주머니 속에 숨길래요

주머니 속은 달이 찾은 빈방

오늘은 뭐해 속삭이며

이별을 참 낭만적으로 건디는군요

헤어지며 헤어지기 직전의 감정을 부추겼어요

쓸쓸한 밤을 위한 이별 메뉴로 샐러드 어때요?

다녀간 모습은 사진에 담아 톡으로 보낼게요

구좌당근퓨레뽀뽀, 비풍당계새, 부라타치즈잠봉피자

우리가 우리일 때 먹었던 것들 적으려다

추가 물 주문은 셀프라는 걸 잊었어요

식사 후 커피는 10% 할인되고요

패스워드 알려드려야죠

주인이 없을 땐 달빛이 내가 된답니다
달빛은 맘대로 주문하고요 댓글은 잊으세요
아, 인증사진은……
QR코드 찍고 인기메뉴 확인하면 됩니다

백일몽 402호

동여맨 무릎 따라가도 될까요
발자국에 엎드릴까요

격한 혀의 말소리를 들었지만
나는 한동안 종잡을 수 없는 바람일 뿐이었어요

그래, 거지꼴로 살아왔지
운동화 끈에 매달린 채 끌려다녔어
거리의 들꽃들은 나태하고 넌 누웠어

가진 것 다 내다 버린 숨소리
밟지 말아요

밀려갈까요
밀려올까요
내게 기대어 봐요 새벽 동이 비칠 때까지
새끼발가락을 얹어요
엄지에게 주세요 매듭짓고 싶은 건

어쩌면 당신은 잘 쉬어지지 않는 숨소리로
나를 길들여 왔을지도 몰라요

발자국을 거두어 402호를 떠나면
숨을 멈춘 자리
노루귀 여기

헐거운 겨울 베란다에 어둑발이 내려요

아버지, 왜요

간다고 했어요

제주에서 칠십여 년을 사신 아버지

똥짐 같은 가방 꽉 둘러멘 채

절뚝이며 걷기만 하는

왜 가세요, 물어도 대답 없이

침묵하는

가창댐은 높았어요

가방에서 술 한 병

한라산에서 대구 가창골까지

우영팟 귤 꺼내고

뭉개진 손톱 검은 흙 사이

신위 한 장

풍기 가시지 않은 비뚤한 글씨

왜 여기까지 왔어요, 물을 수 없어요

태우는 이름

하늘로 올라가요

왠지 나른해질 수 없어

주르륵 비가 오는 일요일

상봉터미널 2층에서 46인승 버스가 추락했다
한 명의 어린아이와 보호자가 탔으나
아이는 실종되었다고 한다

신문기사는 빨간 무지개로 조문 가고
개나리 옷은 접붙이기할 수도 없어

학교 운동장, 가로질러 질척질척
노점 만물상, 앞머리 빗물 가리고
떡볶이 리어카, 입가 썰룩일 틈 없이
썩어가는 개천, 물수제비 깊이 가라앉아
무너진 교회 뒷담, 어룽거리는 눈망울 숨어도

붙잡힌 다락

검은 방은

걸터앉은 창문으로 외마디 깃털 날아올라

누군가 안락사로 거울을 겨누는 것 같아

아빠,
비 오는 일요일은 쥐 오줌 냄새가 나요

그래도 우울하지 않아요

토막 난 우울입니까
오래된 사원에 뿌리내린 나무를 보면

그가 나무일까요
우울이 나무일까요

더 이상 자라지 않도록 주사를 먹어야 하는 그는

나무 기둥으로 만든 쓰러져가는 집 한 채
못 자국이 있어요, 숨을 쉴 수 있어 다행입니까
창호지에 그늘진 숨소리

알고 계신가요
그 집의 구조를
나무 기둥만이 천장을 지탱하고
뿌리는 잘린 채 나뭇잎을 잊었죠

아직도 나무이기를 바라며 추위에 버티는가요

죽는 순간에는 나이테의 무게가 내려앉아요
망자 밑으로 손바닥을 밀어보아요
들어가지 않는 손은 차가움을 삼켜야죠

어머니는 내 아버지와 자신의 아버지 죽음을 그렇게 확인했어요

우울의 냄새가 납니다
무엇으로 대신 울어주어야 하나요
몸을 달래줍니다, 과자를 누군가 던져요

과자 먹었던가요, 내가
여러 나루 버려졌어요, 그래도 토마가지 않이요

당신은 해무가 좋다고 했어요

당신에게 갑니다
조심하라는 당신의 말이 뒤따라오는데
제가 당신 앞에 있어도 될까요?
당신은 눈을 감아요
해무가 밀려오네요
그래요 당신은 늘 저를 곁에 두고 싶어했죠
알아요 모른 척했지만
지금 제가 해무 속을 운전하면서도 비상등을 숨긴 것처럼
숨은 말 속에서 당신이 나를 찾아온 것처럼
나보다 먼저 도착해 푸른 등 켜놓은 당신을
저는 시집에 넣지 않을 거예요
한 묶음의 소포로 엮어 보낼 거예요
한 단어를
"해"
그리고 숨겨놓은 단어 하나를
"무"
늘 기억하듯
비밀번호로

결국엔 보내지 못하고

돌아오겠죠

당신은 웃기만 했던 것처럼

키스하면 당신의 비밀번호가 열린 것처럼요

샤넬의 숲

활자들이 불쑥불쑥 튀어나온다
빨간 망사 스타킹 또 다른 한쪽의 초록 사이로 드러난 숲,
그 긴 다리로

폭풍이 오르가즘처럼 오겠지
다 헛지랄
난독증 걸린 예보 따위를 누가 애무할까

신부는 샤넬 NO.5를 귀 뒤에 머금었지

널브러진 몸뚱어리는 뒤엉켜
꿈틀거리는 격자 문양으로 숨어들어 갔어
그 여자의 몸이 점토인 것도 모르고

서랍 안에 갇혀 울고 있었던 여자아이
동공 비추던 거울은 낡아 허물어져
무너진 비밀도 분수처럼 솟구쳤을걸

여기 당도하는 임금님은 당나귀가 되는 것일까
잘린 귀만 남게 되는 것일까

어쩌지
귀 없는 나뭇잎들이 붉게, 붉게
소스라치고 있어

기울어진 방

갈라진 벽의 깊은 안쪽에서 그림자가 기어 나온다
시린 어깨를 움츠리고 주머니에 손을 넣고

앉은뱅이 다리로
무언가를 본다 무엇인지 모르겠다

―뭐가 보이기는 한 거야

쓰러진 마음을 기다란 상자에 넣고 다시 한 번 본다
대답이 없어도 대답할 수 없어도

빈 그릇에 놓인 수저는 주인을 잃어버렸다
물결무늬의 흐름을 더듬는다 흐려서 보이지 않는

굳게 접힌 한여름의 부채는 돋보기 안경집 속으로 들어갔다
잘 자고 있는지 물어볼 수 없었다

창밖으로 보이는 불빛은 별빛이 아니야 반사경이야

잉크 없는 만년필이 무슨 소용이 있겠니

눈 다래끼로 곪았구나 벽지가 운다

손잡이 부러진 낡은 의자에 기대어 앉아도 넘어지지 않을까
왼팔 없는 불안이란 감정이 허공에서 흔들거렸다

방에 누워 잠을 잔다

엄마가 보여

―나를 보기는 한 거니?

전깃에 심배 빗줄 매달려 방이 기울어진 걸 알 수 없었다

근조

죽은 엄마가 다녀갔다
나의 장례에, 오른손을 내밀자 무심코 등 잡은 왼손
악수를 할 수 없었다

왼손은 쇠꼬챙이처럼 차갑고 날카로웠다

아버지 늘 보시던 신문이 아스팔트 위로 뒹굴며 하얀 피를 흘린다
어쩌면 우리 모두는 죽은 시체
쇠꼬챙이로 신문을 깊이 찌른다

찌르면 아플 거야
관에 박힌 나무못이 말하는데

나는 어떤 장례에 누워 있는가

제3부

떨어지는 것에 대하여

 섹스하다가 땀방울 하나 떨어졌을까요 콘크리트 벽이 움직이기 시작했어요 높은 천장은 내려앉았고요 방이 점점 좁아지는 거예요

 꽉 끼는 코르셋을 입은 듯했어요 몸은 움직일 수 없었고요 숨은 느리고 더뎠지요 텔레비전 속에 못난이 삼형제 인형이 나를 보고 웃고요 걷지 못했던 앉은뱅이 남자아이가 성큼 다가왔어요

 하얀 속옷이 옷걸이에 걸린 채 문 앞에서 흔들거렸지요 벽에 걸린 액자는 좌우로 움직여요 떨어져 산산조각 깨질 거야 파편은 너의 온몸에 박히겠지, 누군가 말해요

 나신의 임산부예요 검붉은 땀이 흘렀을까요 돌아가신 엄마가 나를 당겨주었어요 나는 이제 살았을까요

사람 목소리는 영역 표시에 불과해, 에드몽이 말한다 에드몽은 누구일까

반려견이 옆에서 자다가 오줌 눈다 뒤돌아보지 않는다

어젯밤 무슨 일이 있었나 얼음이 흐트러진다 엉겨 붙지 않는다 컴퓨터 앞에서 부른다 누굴까 한 묶음의 소포가 왔다 낡은 귀걸이는 겹쳐 마치 정상위 체위 같다 빨간 동그라미가 벽 가득이었다 숨소리가 들리는 듯 깨진 거울 조각들이 동그라미 안으로 모여 비틀거렸다 프린터 색칠 벗겨져 빈 통으로 서 있고 옆에 놓인 치즈 비닐이 양다리 벌려 있지만 무슨 맛인지 기억나지 않는다 타인의 이름들을 찻잔에 담는다 커피포트는 끓고 에드몽은 젖은 몸을 털다가 누웠다 굳게 잠긴 방에는 적막이 흘렀지만 침대는 침묵하지 않았다 착한 아이는 일찍 자요 무심한 인사는 저장하지 않기로 한다 눈썹 짙은 이방인의 자화상이 에드몽을 훔쳐본다 낡은 책 모서리 접힌 갈피 사이 약 봉지가 구멍 벌린 채 앉아 있지만 먹었는지 알 수 없는 건 겁 없이 오이 서리하던 날 가시가 있다는 걸 처음 안 날 소리 지르면서도 언제 마침표는 찍어야 되는 걸까 안경집은 찢어진 입을 닫을 줄 몰라 웃고 있니 음악이 흐려지면 지워질 대화를 적어보지* 보지** 보지 에드몽은 말한다 질 속에 바늘이 자라고 있어 사람 목소리는 영역 표시에 불과해 유채색 땀방울이 흘러내린다 체온을 더듬는 이것은 무더운 일 죽은 개가 영역 표시한다고 에드몽은 환각에 빠졌다 고객님 상품 한 건이 문 앞으로 새벽배송되었습니다

    에드몽은

실어증이라는 벨소리에서 덜렁거린다

---

*do.
**see.

빨간 망토

어머니의 빨간 망토를 어깨에 두릅니다

어머니는 아버지의 여자가 아닙니다
사랑한다고 다리 벌리라고
다리를 벌립니다
아버지는 대학생과 섹스하십니다
너도 대학생이니 나랑 할까
내가 너희 아버지보단 잘할 거다
아버지의 친구 한의사가 돈을 지불합니다
어머니의 빨간 망토는 한약을 지어 먹습니다
예수님이 마리아에게 여자여 네 지아비가 어디 있느뇨
여럿이 있었으나 지금은 하나도 없나이다
빨간 망토에 덮어두었던 마리아의 고백입니다
첫 남자의 아버지가 섹스하자고 합니다
두 번째 남자의 아버지도 섹스하자고 합니다
세 번째 남자, 아버지의 아버지도 섹스하자고 합니다
떠난 마리아가 남은 자에게 말합니다
다리를 몇 번 잘라야 할까요

빨간 망토라고 쓴 지방을 태웁니다

나는 아버지의 창녀입니다

백야

바나나 껍질에 검은 점이 생겨요

아빠 제가 할게요, 해야
뺨에 손바닥 자국 나지 않던 그때

형광등에 매달린 끈을 당겨야 불이 꺼지던 그때

끈만 흔들리고
아빠와 한 이불
아가야 네 즙은 달콤하구나
겉 부분은 혀로 살짝 발라서 가운데 과육을 먹어야지

엄마는 모른다고만 증언했어요
동화책만 읽어주었어요

거웃을 태우며 그림자놀이 했어요
나만 그랬나요? 왜 모두들 모른 척하죠

바나나가 백야의 기억으로
엄마도 아빠도 손에 쥐어주던 그때

이유식을 바나나로 하니 아무도 모르는 거야
그때, 아빠의 귓속말

100일 동안 하얀 밤이 되는
바나나 걸이
누가 날 여기 걸어 놓았나요?

온몸 구석구석 숙성하듯 검은 점이 박혀요

동시

아빠 눈 외꺼풀
아빠 닮은 내 눈도 외꺼풀

아빠 머리 곱슬머리
아빠 닮은 내 머리도 곱슬머리

딸은 아빠 닮아야 잘 살아요
엄마는 좋아하죠 아빠 닮았다고요

근데요 엄마는 몰라요
엄마 닮은 곳이 있다는 걸

아빠는
엄마보다 맛있다 해요

뒤따라오지 마, 엄마

자오나 학교*

암흑의 혀를 내둘러야지
착하지 아가
한낮의 조퇴는 벽 속에서

지하철 광고판을 보았을 때
암전되듯 외면하고 말았어요
나는 학생이어요
그리고 엄마입니다
감금당한 속내 그대로

꺼진 뒤통수 냄새가 났었어
후드득 베어진 햇빛
아이 무덤이 없는 것은
태양에 타버렸기 때문인가요

그날의 아빠
거기 서 있지요

―――――――
*청소년 미혼모를 위한 대안학교.

혼자 남은 방

빛이 걸어 들어와 머물 곳을 찾는다

밝은 면과 두려움으로 나뉜 몸은 파닥인다

얇은 경계는 떨고 있는가

석양이 비낀 벽지에 백합의 목선이 걸려 있다

하얀 테두리를 물들인 빨간 비상구는 달아난다

어둠 속에 갇힌 여자아이의 비문은 비밀이 되었을까

울리지 않는 전화기, 그를 벽에 박제하기로 한다

죽은 사람을 사랑하는 봉인된 무덤처럼

손잡이가 부드러운 칼은 나를 둥근 쟁반 위에 눕혔다

태양이 휘청거린다 절벽의 솟구침

저기, 저 백합 한입 베어 먹는 밤

창문에 비친 핏방울 하나에서 시작되었다

화분

나에게 물어보세요 모든 것이 선명하게 기억나니까요

화분의 꽃나무 때문예요 검은 털로 수북했어요 각진 어깨는 무거웠고요 뜨거운 뭔가가 흘러내렸지요 비릿한 러닝을 뒤집어 입은 채 쇠 깎는 소리를 내며 문을 닫았어요 밤새 쌓인 눈 때문에 발자국은 도망갈 수 없었죠 내 몸은 벼랑 끝에 매달린 고드름 같았지요 출구를 찾아야 했어요

가지는 부러졌고 껍질은 벗겨졌어요 신음이 들려오는 이명에 시달리던 나는 화분을 든 채 아파트 단지에서 쓰레기처리장까지 헤매 다녔죠 지릿한 바다 냄새가 생생하게 기억나요 화분을 먼 바다 떠나는 배의 화물칸에 실었어요 흉곽을 짓누르던 소리 나를 버리지 마세요 열리지 않는 문 밖에서 꽃이 떨어진다면 심장 뛰는 방향으로 묻히겠죠 모두들 잊었겠지만 난 잊지 않았어요

지금 내 앞에서 심장 뛰는 소리로 엄마, 하고 부르네요 누구세요? 화분을 버렸을 뿐이에요 화분을 실은 배는 기우뚱거리

며 바다를 건너요 화분을 들었던 손엔 이제 검버섯이 피었어
요 나에게 물어봐요 화분에 대해서요 선명하게 기억나니까요

비밀의 이름은 미시오

밀어야 들어오는 거야
찢어진 벽지 속에 더 오래된 벽지, 그러니 너도 밀어
오줌 묻은 벽지는 눈물을 떨군다
밀어도 들어올 수 없는 닫힌 방안에 혼자 컴퓨터가 산다
검붉은 립스틱을 바르고
백합을 먹는 늙은 여자가 컴퓨터에 기대어
주문을 외운다
하얀 망사여, 돌아오라, 돌아오라고
그 아래 열쇠를 숨기고 미시오, 라고 말한다
그러면 비밀을 자물쇠에 가둘 수 있을까
이해할 수 없는 죽음의 그림자를 천장에 매달고
거꾸로 자라는 넝쿨나무가 물을 먹는
모습을 바라본다
공기 속에 기생하는 물을
그래, 우린 서로 죽이고 살리고
미쳐가는 거지
이렇게 가끔은 허깨비를 보고
투명한 유리를 보며 우리는 미시오, 라고 울부짖기도 하지

미시오 안에는 비밀이 살아있을까
날 버리지 말아요
불안해, 정은이가 날 버릴까 봐
정은이의 이름은 미시오

코스모스

침대보가 반듯하게 펴져 있었죠
머리맡에 나란히 베개도 놓여 있고요
편하더라고요 신발을 벗고 누워 보았거든요
얇은 이불도 가지런히 덮었어요
오늘은 인천에서 자요
서울 집이 그리 멀지 않은데 말이에요
내비게이션이 집을 찾지 못하고
같은 길 빙글빙글 돌기만 해서
겨우 모텔 방에 들어왔지요
이 방엔 그가 밤마다 문을 열지 않겠지요
친구에게 전화 걸어 상처 난 달빛 때문에
모텔에서 자게 되었다고 하소연했어요
문단속 잘하라고 하더군요
식탁으로 문을 막아
열리지 않도록 만들었죠
거울 속에서 그가 나를 보고 서 있네요
거들거리는 목 때문에 문이 흔들거렸죠
새벽에 일어났어요 코스모스에 물을 주려고요

집에 가려는데 우리 집이 여기래요
침대보는 반듯하게 펴져 있고
꽃줄기, 나란히 머리맡에 놓여 있어요

나는 머리핀을 어디에 두었을까

시작은 알 수 없는 거야
모형 책장이 말한다 무심하게
진한 화장도 덩그러니 얼굴은 보이지 않았다
절정에 올라 소리 지르듯
손톱에 찢긴 책 겉표지들
수경 재배 설명서가 길을 잃고 말았다
이젠 양수로 키울 수 없어
늙은 수염나무가 거꾸로 매달려 웃는다
매뉴얼은 두 사람이 두 번째 칸에서 정사를 나누는 것
아담의 배꼽인지, 이브의 배꼽인지 모를, 배꼽을 맞대고
두꺼운 갑옷을 두른, 텅 빈 책 같은 남자가,
땅이 없어졌다고 혼자 말한다
종의 기원을 읽겠다면서 '도착했어.'라고 발음하는 여자,
배꼽 아래에서 기원을 찾는다, 라고 이해하기로 한다
풍성하게, 여백을 채운다고 화선지를 펼치고 몸을 펼치고
머리는 발로, 발은 머리로, 나무뿌리는 뒤엉킨다
자궁 밖 나팔관에서 수정이 되고,
그렇게 음란은 죽어가도 모르는 거야

아버지의 아기예요, 나를 죽인 건
모형 책장에 끼인 채 사진 속에 박힌 것을,
아니, 나의 머리핀이 어디 있는지

숟가락의 얼굴

우편함 열기를 무서워했다
정든 아파트 우편함엔 색바랜 사진 한 장
꽂혀 있었다 등기 도장이 선명히 찍힌
밑바닥에 깔린 교회 전단지는 등기보다 먼저 나오려고 했을까
흰 계단 검은 계단
각진 내 의식은 주사위 튕기며 내려간다
그림자 계단 하나 더 있는 흔들리는 뿌리 속으로
누구였던가 죽은 자를 숟가락으로 떠서 내밀었지
속삭인다
사진을 찍어 보내주었을 뿐인데
봉분을 쌓을 피크닉은 없고 찬송가만 불러야 했지
가사는 어찌 됐든 상관없어
잠긴 손잡이를 아래로 연다
그 아래에서 잠이 든다
찬송가는 자장가가 아니야
숟가락이 계단 모서리에 서 있다
기도해 줄래요

숟가락을 우편함에 넣었다
아무도 우편함을 열지 못했다
내가 그 속에 있었다
엄마, 꿈에서 깨어나세요

사과놀이

왼손은 오른쪽 고백을 주장하고요
오른쪽은 집착하려고 해요
이번엔 내가 남자 할게
우린 벽 속에 도착해요

어리지 않아서 사과 속이 궁금했어요
이별이란 말을 사랑했고요
둘보다 하나가 안정되니까요

한입 발라 오물거려 봐요 사과 한 마디
입에서 입으로 핥아 다리 사이가 젖어요
어루만지지 않아도 부풀어 오르잖아요

어쩜 사실이 아닐지도 몰라요
과육처럼 대화가 시큼했거든요

여보, 딸이 고백하고
아빠가 사과를 해요

우린 들키지 않게 쪼개져요

왼손은 오른쪽 주장을 고백했던 걸까요
오른쪽은 욕망하려고 하는데
이번엔 내가 여자 할게요
아빠가 벽 속에서 걸어 나와요

벽 밖에서는 하나의 파문이었어요
사과를 받아들이기엔 둘이 아닌걸요
다시 맞춰 볼래요

환청의 감각

어느 한 곳이 함몰된 요염함이 홀로 산다
아무도 도착할 수 없는 경계의 세계

늦으면 상담이 어려울 수도 있어요
붉은 실핏줄 위로 눈이 내리기 시작했고
검사지는 반대 방향으로 이리저리 흘러 다녔다
내가 왜 아버지와 성교하는지 아세요?
타인들은 잃어버린 겨울밤 한 짝이란 의혹을 가져요
겨울밤은 성기 잘린 악마의 꿈 아닌가요
의사 선생님은 왜 자꾸 뒤돌아보죠
나와 당신과의 대화를 정은이가 들을까 봐, 이어폰을 귀에 꽂았어요
겨울밤 같은 시 부스러기가 정은을 핥아요
카터 칼이 또각또각 부러져 나가요?

이정은님 다음 주도 내원하세요 혼자 오세요
겨울밤 내린 어깨가 애야, 사랑한다

다섯 개의 물의 장면

1
11월, 시침은 어디로 가고 없을까
카라꽃 조화를 11년째 키우고 있어요
물 없는 화병에서 꽃대는 올라오고
하얀 꽃잎은 향기를 뿜은 듯 버성기네요
속아주어야겠어요, 꽃이고 싶어하잖아요
빈 화병에 물을 줍니다
찰랑찰랑 아파트 지하 수면실로 타고 내려가요
보일러 아저씨 잠이 깨요
달력 한 장 젖어요

2
양수리 두물머리
검푸른 물의 흐름이 엉켜 있어요
마른 장작 타는 체취, 당신을 불러들인 건 나의 실수였습니다
  목으로 넘어가는 와인 한 잔이 나의 독주이기를
  같이했던 시간들은 윤슬처럼 흩어집니다

물의 카페에서 멀어질 때까지

3
어쩌지, 양수가 흘러내려
생명 다한 꺼져가는 촛불에게
해줄 수 있는 건 없어
녹아 굳어버린 촛농들을
무덤 삼아 수그러드는
작은 호흡
물의 끝은 여기까지
인큐베이터 안이 추워

4
어느 시인과 사랑을 했어요
더 이상 뭘 원하시는 거죠

울음을 터뜨린 한 영아를 삼킨 곳
스무 몇 해나 지나서도 누구나 그 수심을 몰라요*

5
구피의 유영이 당신의 눈동자를 흐리게 하지요
몰려다니다가도 삐진 양 꼬리치며 돌아서는
구피의 번식력이 안방을 휘젓고 있죠
앉아 있을 장소조차 없이 불어난 구피 종자들
쏟아진 물난리에 익사를 조심하세요

물의 장면, 되돌이표를 그려 넣을까요

---

*김종삼의 시, 「民間人」에서 변용.

애야, 양을 세야지

누가 더 오래 버티나
내기 할래
살아남는 자가 이기는 거니까

왜 피 맛을 자꾸 보는 거야

양 한 마리, 양 두 마리, 양 세 마리
동화책 속에 양은 보이지 않고
헉헉거리는

방울 소리 다 지나가면 잔혹동화는 끝이 날까

양을 죽였어요, 아버지를 위해서
감탄사는 하나예요

죽어가는 양을 세야지
아버지 한 마리

해설

아브젝시옹의 시학
—이정은 시집, 『평범한 세계』 읽기

오민석(문학평론가·단국대 교수)

1.

내 안엔 내가 아니어서, 내가 아니길 원해서 내가 버리고 싶은 것들이 얼마나 많은가. 내 안엔 배설물, 썩은 음식, 죽은 동물, 절단된 신체처럼 더럽고 혐오스럽고 불결하며 심지어 무섭기까지 한 것들이 얼마나 많은가. 그것들은 내 안에 있지만 온전히 내가 아니므로 주체도 아니고, 그렇다고 해서 온전히 내 바깥에 있는 것도 아니므로 대상도 아니다. 그러나 온전한 나-주체를 만들기 위해 나는 그것들을 떼어내어 버리고 싶고, 죽이고 싶고, 없애버리고 싶다. 그것들과의 완전한 단절을 통해서만 비로소 나-주체가 완성되기 때문이다. 주체가 주체성을 형성하기 위해 쫓아내고 버리고 밀어내야 하는, 이런 혐오스러운 존재를 줄리아 크리스테바(J. Kristeva)는 아브젝트(the abject)라 부르고, 그 떼어내 버리는 행위를 아브젝시옹(abjection)이라 한다. 이런 점에서 이 시집은 아브젝시옹의 시학이라 불릴 만한 것으로 가득하다.

>
> 깊도록 걸어도
> 발등으로 번지는 물결무늬
>
> 바람 소리에 쓰러져 누워
> 그물망에 스스로 묶이는
>
> 너는 바다가 아니라
> 너는 바람이 아니라
>
> 흰머리 풀어헤친 흐느낌
> 아기 발바닥 사이로 스며드는 소금 울음
>
> 가늘게 떠도는 습자지처럼
> 은박 입힌 오랏줄
>
> 걸어 나올 수 없는
> 푸른 얼룩

—「너는 바람이 아니라」 전문

  위의 작품은 이 시집에 수록된 첫 번째 시이다. 이 작품은 마치 앞으로 전개될 사건들을 암시하는 영화의 첫 장면 같다. 시집 속의 "너"는 바다도 바람도 아니고, 바닷속에 "흰머리 풀어헤친 흐느낌"처럼, "은박 입힌 오랏줄"에 묶인 채 "걸어 나올 수 없는/푸른 얼룩"이다. 이 시집의 카메라는 물속으로 들어가 밧줄에 꽁꽁 묶인 채 물결에 흔들리는 어떤 시체를 훑는다. 그것은 머리카락을 풀어헤치고 울지만, 죽었으므로 물 밖으로 나올 수 없다. 이 갑갑하고 숨 막히며 충격적일 정도로 그로테스크한 장면은 이 시집 전체의 분위기를 압축한다.

  1)
  쥐

거울 방, 마주 보는 거울에서 도망가지 못한다
—「OUT, 그 생물성에 관한 연구」 부분

  2)
생식기 닮은 펜으로 이력서를 쓴다
샤워하다가 서서 배설하는 미묘함이랄까
세면대에 담배꽁초 비벼 끄다가

왜 남극에 사는 펭귄이 아프리카에 살지
아프리카 펭귄은 그 이유를 툭
장래 희망을 몽정하는 남자라고 쓴 이력서 때문
…(중략)…

욕조 바닥에서 흥건히 젖은 이력서
흘러내려 뜨끈하게
                                  —「아프리카 펭귄 애인처럼」부분

3)
누구의 배꼽일까요 아담과 배꼽놀이를 했습니다 유모차 밖으로 툭 배꼽이 떨어졌습니다

육체에 켜켜이 쌓이는 사진첩입니까 빛을 뒤따르는 사물입니까 공기의 방향대로 흐르는 형체입니까 손가락의 떨림 살아있습니까

주검 위에 덮인 자서전, 얇은 상자를 어루만지는 오래된 배꼽이 있어요
                                  —「As You Like It」부분

1), 2), 3)에서 우리가 주목할 것은 "거울", "이력서", "자서

전" 같은 단어들이다. 이런 기호들의 연속체는 시인이 무엇보다 자아 혹은 주체의 탐구에 몰두하고 있다는 사실을 보여준다. '주체의 탐구'란 무엇인가. 그것은 '나는 누구인가'에 관한 궁구(窮究)이다. 앞에 인용한 시에서 나는 포박된 채 물속에 가라앉은 시신의 모습을 하고 있으며, 1)에서는 "거울 방"에 갇힌 "쥐"의 모습을 하고 있다. 두 주체의 공통점은 극도의 억압 상태에 있다는 것이다. 앞의 억압 상태는 회복 불가능한 죽음의 모습을 하고 있고, 뒤의 억압 상태는 거울에 비친 무수한 자아로 분열된 모습을 하고 있다. 시인이 내세운 주체는 이렇게 무수히 분열된 채 출구 없는 상태에 갇혀 있다. 2)의 주체는 자신의 정체성("이력서")을 "생식기 닮은 펜"으로 쓴다. 여기에서의 생식기는 남근이다. 남근 중심주의 사회에서 모든 주체는 생물학적 성과 관계없이 남성의 관점에서 해석된다. "샤워하다가 서서 배설하는 미묘함"은 남성-담론에 의해 일방적으로 규정되는 (생물학적) 여성이 느끼는 어색함이다. 여성은 비(非)존재이다. 그녀는 "몽정하는 남자"가 되도록 강요당한다. "욕조 바닥에서 홍건히 젖은 이력서"는 여성의 소변과 구정물에 섞은 남성-담론이다. 화자에게 남근으로 써진 이력서는 소변과 더러운 물로 적셔서 버려야 할 아브젝트이다. 그것은 남근 중심 사회가 만든 혐오스러운 자아로 내 안에 이미 들어와 있다. 화자는 그것에 오줌을 갈기고 더러운 물을 뿌려 바닥에 버린다. 3)의 "배꼽"이라는 단어 역시 생물학적 출생을 가리키는 기표이다(이 시집엔 이 단어가 여러 번 나온다). 배꼽은 몸의 출생증명서이다. 배꼽은 몸의 시작점이고, 그렇게 시작된 "육체"엔 무수한 기록들이 "사진첩"처럼, "사물"처럼, "형체"처럼 축적된다. "자서전"은 그렇게 형성된 주체성을 가리키는 기표이다. 화자는 그런 자서전을 혐오한다. "주검 위에 덮인 자서전"이라는 표현은 아브젝트로서 버리고(죽이고) 싶도록 더럽고도 혐오스러운 주체성을 가리킨다. 상징계에서 "오래된 배꼽"의 지배자는 팔루스(Phallus)이고 대문자 아버지의 법칙(Father's Law)이다. 이 시집은 그렇게 내 몸에 쌓인 아브젝트들을 덜어내고 잘라내고 찢어내는 소리들로 가득하다. 크리스테바의 말대로 아브젝트는 "나를 의미가 붕괴되는 자리로 끌고 간다."(『공포의 권력』) 시인은 자기 몸에 새겨진 경멸의 아브젝트들을 지우고 버림으로써 남근 중심주의가 만든 '의미'를 무너뜨린다.

2.

이 시집의 모티프들은 로맨스보다는 끔찍한 스릴러의 배열 원칙을 따른다. 그것들은 서로 안고, 합쳐지며, 생식하는 길보다, 자르고, 찢으며, 죽이는 길 위에 있다. 왜냐 하면 이 시집의 목표가 주체 안에 주체의 일부로 들어와 고착된 아브젝트들을 잘라내고 버리는 데에 있기 때문이다. 그러므로 이 시집에선 달콤한 사랑의 언어보다 피비린내 나는 싸움의 언어가 더 우세하다.

뻐꾸기가 어떻게 알을 품는지 알아?
새로 사온 접시가 수상하다며 그는 말했다

그는 뻐꾸기 알로부터 고개를 돌렸다

손에서 미끄러지며 쨍그랑
깨진 접시

그의 손은 깨끗하다

피 묻은 접시 무엇으로 닦아야 할까

그는 뒤돌아보지 않는다
그는 깨지지 않는 자만을 가지곤 했다
깨지지 않는 접시는 실덩으로 만들어졌다고
말하는 그에게, 맛보고 싶다고 했다

달지 않았다
이미 깨졌기 때문일까

나는 뒤돌아보았다

그것은 불확실한 사실을 확인하는 것

존재하지 않는 일종의 회로, 그 흐름을 따르는 것이다

접시 조각들을 수세미 속으로 구겨 넣고

수세미는 수선공장이 되어 새로운 접시를 다시 출산하는

과정을 상상하고 있다 나는

깨진 접시를 수세미로 닦는다

피는 나의 몸속에서 흐른다 쨍그랑쨍그랑

뻐꾸기가 어떻게 알을 품는지 알아

—「접시와 수세미」 전문

  뻐꾸기가 알을 품는 방법을 탁란이라 한다. 탁란은 자기 알을 다른 새의 둥지에 낳아 키우게 하는 것을 말한다. 위의 작품엔 "그"와 "나"가 등장한다. 독자들은 그를 "깨지지 않는 자만"을 가진 남성으로 읽어도 좋다. '그'는 스스로 완벽하다고 생각하므로 자신의 언어로 타자를 전유한다. 이런 점에서 그는 탁란의 언어를 사용하는 자이다. 그는 탁란의 언어로 무수한 타자들을 둥지 밖으로 몰아내어 깨뜨린다. "쨍그랑"은 타자들의 몸이 그렇게 깨져 나갈 때 내는 끔찍한 소리이다. '나'는 "피 묻은 접시"를 보고 "불확실한 사실을 확인"하는 여성, 즉 '그'의 타자이다. "존재하지 않는 회로"는 팔루스 이전 혹은 아버지의 법칙 너머에 있는 삶의 길이다. 그것은 "뻐꾸기"와 같은 지긋지긋한 아브젝트들을 지워 버려야만 비로소 보인다. "새로운 접시를 다시 출산하는" "수선공장"의 "수세미"는 폭력적 남성-아브젝트들을 지우고 새로운 담론의 질서를 만드는 여성의 목소리로 읽어도 된다. 그것이 깨진 접시를 닦을 때, 살아있는 "피"가 "나의 몸속에서" "쨍그랑쨍그랑" 소리를 내며 "흐른다".

1
꽃잎이 가슴을 도려낸다

겹겹이 도려낸 가슴은
폐허만 남아
꽃은 다시 피어날 수 있는가

2
동백 꽃잎 한 장

사랑하기 때문이라며 강간하는 설인은

> 부서진 동백꽃, 언 땅에 떨구고
>
> 맞을 짓을 해서 때리는 것이라고
> 말하는 폭설의 무너져 내림은
> 피멍 든 동백 무덤 속으로 가고
>
> 사람들이 국화꽃을 들고 무엇을 하는 걸까
> 나를 알고는 있었을까
> 오늘도 한 사람이 검은 동백을 두고 간다
> ―「꽃잎 고르기」 부분

 인용 시에서도 모티프들은 주로 도려내고, 부서뜨리며, 때리고, 무너뜨리는 방식으로 배열된다. 그러나 이 시에서 그런 동향은 아브젝트를 향해 있지 않다. 그 모든 파괴-모티프들은 "동백꽃"으로 상징되는 여성을 향해 있다. 동백꽃의 "피멍"은 여성의 몸에 가해진 남근-아브젝트들의 폭력이다. 시인은 그런 폭력에 희생된 동백꽃의 자리에 "나"를 앉혀놓고 있다. 아브젝트가 이렇게 주체를 잡아먹어서 주체가 자기 통제력을 완전히 상실한 상태를 크리스테바는 '디젝트(deject)'라 부른다. 시인은 묻는다. "국화꽃을 들고" 문상을 하는 사람들은 남근-아브젝트에 의해 죽은(디젝트된) "나를 알고는 있었을까"? 이 시집에서 화자는 이렇게 자주 "나"를 죽음의 자리에 가져다 놓는데, 이는 자기 안의 아브젝트 죽이기가 때로 자기 죽이기와 겹치기 때문이다. 크리스테바는 아브젝트 중에 가장 강렬하고 진실한 아브젝트가 바로 자기 자신이라고 말하는데, 이런 현상은 자기 안의 아브젝트가 너무나 오래 고착되어 자신의 주체성이 되어버렸을 때 생긴다.

3.

이정은 시인은 남근-아브젝트들이 더럽힌 몸의 역사를 개인사로 읽지 않는다. 그것은 먼 고대로부터 면면히 이어져 내려오는 대문자 아버지(Father) 지배의 역사이다. 팔루스는 '공포의 권력'이고, 타자들의 '이력서'와 '자서전'을 쓰는 펜이며, 무수한 소문자 타자들을 양산하는 생식-기계이다.

> 어머니의 빨간 망토를 어깨에 두릅니다
>
> 어머니는 아버지의 여자가 아닙니다
> 사랑한다고 다리 벌리라고
> 다리를 벌립니다
> 아버지는 대학생과 섹스하십니다
> 너도 대학생이니 나랑 할까
> 내가 너희 아버지보단 잘할 거다

아버지의 친구 한의사가 돈을 지불합니다

어머니의 빨간 망토는 한약을 지어 먹습니다

예수님이 마리아에게 여자여 네 지아비가 어디 있느뇨

여럿이 있었으나 지금은 하나도 없나이다

빨간 망토에 덮어두었던 마리아의 고백입니다

첫 남자의 아버지가 섹스하자고 합니다

두 번째 남자의 아버지도 섹스하자고 합니다

세 번째 남자, 아버지의 아버지도 섹스하자고 합니다

떠난 마리아가 남은 자에게 말합니다

다리를 몇 번 잘라야 할까요

빨간 망토라고 쓴 지방을 태웁니다

나는 아버지의 창녀입니다

—「빨간 망토」전문

   시인은 마치 실물의 아버지처럼 묘사하고 있지만, 그것은 상징적 팔루스를 리얼하게 그리기 위한 전략이다. 게다가 팔루스의 정치학은 '몸의 정치학(politics of body)'이다. 푸코(M. Foucault)는 몸의 정치학을 "인간의 몸을 지식의 대상으로 변환하여 인간의 몸에 권력과 지식의 관계들을 투여하고 그것을 정복하기 위하여, 무기들, 연계들, 그리고 소통의 루트들로 활용되는 물질적인 요소들과 기술들의 집합"(The Foucault

Reader)이라 정의한다. 그러므로 위 텍스트의 "섹스"는 여성의 몸에 남성-담론(지식-권력)을 각인하는 모든 "물질적인 요소들과 기술들의 집합"을 의미한다. 그런 점에서 "어머니"와 "어머니의 빨간 망토"는 개별 여성이 아니라 보편적인 의미의 여성'들'의 몸이며, "아버지"와 "아버지의 친구 한의사", "첫 남자의 아버지", "두 번째 남자의 아버지", "세 번째 남자, 아버지의 아버지"는 개별 남성들이 아니라 여성의 몸에 남근-아브젝트들을 새기는 보편적 남성'들'의 연쇄체이다. 그러므로 "아버지의 창녀"로서의 "나"는 보편적 남근들의 희생양인 보편적 여성-몸을 가리킨다.

>간다고 했어요

>제주에서 칠십여 년을 사신 아버지

>똥짐 같은 가방 꽉 둘러멘 채

>절뚝이며 걷기만 하는

>왜 가세요, 물어도 대답 없이

>침묵하는

가창댐은 높았어요

가방에서 술 한 병

한라산에서 대구 가창골까지

우영팟 귤 꺼내고

뭉개진 손톱 검은 흙 사이

신위 한 장

풍기 가시지 않은 비뚤한 글씨

왜 여기까지 왔어요, 물을 수 없어요

태우는 이름

하늘로 올라가요

        ―「아버지, 왜요」 전문

앞에서 읽은 시의 아버지와 이 시의 아버지는 전혀 다른 이미지로 다가온다. 앞에 인용한 시의 아버지가 보편적 남근-지식-권력의 기표라면, 이 작품의 아버지는 더 큰 팔루스에 의해 희생되는 무력한 개별-아버지의 기표이다. 이 시 속의 아버지는 70여 년을 살아온 4·3 학살의 현장인 제주에서 수천 명의 양민 학살지인 대구 가창골로 "절뚝이며" 이동한다. "똥짐 같은 가방 꽉 둘러멘 채" 아버지가 왜 그런 노선으로 움직이는지 화자도 모른다. 아버지에게 물어도 아버지는 침묵할 뿐이다. 아버지가 "한라산에서 대구 가창골까지" 가서 가방에서 술 한 병과 귤, 그리고 신위 한 장을 놓고 제사를 지내는 모습을 통해 독자들은 대충 짐작만 할 수 있을 뿐이다. 제주 학살을 경험한 아버지에겐 대구 가창골 학살에서 죽은 친인척이 있을지도 모른다. 그러나 "왜 여기까지 왔어요, 물을 수 없"다. 다만 소지로 "태우는 이름"만이 "하늘로 올라"갈 뿐이다. 여기에서 개체로 경험되는 실물의 아버지는 대문자 팔루스-아브젝트가 아니라 팔루스 제국의 무력한 신민일 뿐이다. 이 시는 여성-몸인 내가 지워야 할 궁극적인 아브젝트가 개별 남성이 아니라 남근-지식-권력-시스템임을 보여준다. 시인의 자아 탐구는 이렇게 개별 자아에서 보편적 자아로 그리고 거대한 권력 시스템 안의 자아로 확대된다.

아빠 눈 외꺼풀

아빠 닮은 내 눈도 외꺼풀

아빠 머리 곱슬머리
아빠 닮은 내 머리도 곱슬머리

딸은 아빠 닮아야 잘 살아요
엄마는 좋아하죠 아빠 닮았다고요

근데요 엄마는 몰라요
엄마 닮은 곳이 있다는 걸

아빠는
엄마보다 맛있다 해요

뒤따라오지 마, 엄마

—「동시」 전문

그러므로 위의 시를 근친상간의 경험으로 읽는다면 그것은 흉흉한 외설이다. 엄마와 화자가 닮은 것은 그들이 팔루스의 노예라는 사실이다. 여성의 생식기는 대문자 팔루스가 여성의 몸으로 치고 들어오는 관문이다. "아빠"는 여성의 몸에 들어와 남성-지식-권력을 각인하여 그것을 여성-주체의 일부로 만드는 사회적 힘이다. 여성-몸에게 그것은 가장 끔찍한 자신의 일부이고, 진실이며, 힘이어서 혐오와 수치의 아브젝트가 된다. 남근 중심 사회에서 여성-몸의 모든 정치학은 이런 아브젝트와의 싸움이 아니고 무엇인가. 이 시집은 팔루스 지배의 최전선에서 여성-몸을 통하여 가동되는 남근-권력-지식-시스템을 다양한 방식으로 드러낸다. 내막을 들여다보면 절대 평범하지 않은 이 세계야말로 시인에게는 일상적인, "평범한 세계"(시집 제목)이다. 그래서 시인에게 세계는 끔찍한 아브젝트들의 집합이다.

시인동네 시인선 211

평범한 세계

ⓒ 이정은

초판 1쇄 인쇄	2023년 8월 10일
초판 1쇄 발행	2023년 8월 17일
지은이	이정은
펴낸이	김석봉
디자인	혜이존
펴낸곳	문학의전당
출판등록	제448-251002012000043호
주소	충북 단양군 적성면 도곡파랑로 178
전화	043-421-1977
전자우편	sbpoem@naver.com

ISBN 979-11-5896-603-4 03810

*이 책의 판권은 지은이와 문학의전당에 있습니다.
*양측의 서면 동의 없는 무단 전재 및 복제를 금합니다.
*잘못 만들어진 책은 바꿔드립니다.
*이 시집은 제주특별자치도와 제주문화예술재단의 2023년도 제주문화예술지원사업 후원을 받아 제작되었습니다.